何がいいかなんて終わってみないとわかりません。

著　ミゾイキクコ

第1章

人の生き方、振るまい方

今私は、時代とともに社会構造が変わったのに、それに対応しようとしない高齢者を批判しています。若い人やお嫁さんに世話をしてもらうのが当たり前と考え、昔は良かったと、戻れるわけもないのに今を嘆いている人たちを。専業主婦が大半だった頃とは違うんですよね。老後が心配なのでしょうが、それは誰でも同じです。老いたら夫婦協力して暮らせばいいわけですよ。男も少しは家事をして。多くは女が長く生きますが、反対のご夫婦もあります。寄せられる呟きには、80代90代でも元気に一人で暮らしていらっしゃる方もあります。覚悟の問題なんです。かつては、男子厨房に入らずといわれていました。そのように育てられた高齢の男性がたくさんいます。家事育児は低級な仕事、バカでもできるかのように考えられていましたから、家事をする女に教育の必要もないと。そんなことはないのです。家事や育児はバカではできないんですよ。要するに人を頼りにするのは自立できていない人なんですね。自立には二種類あります。一つは物事ができること。一つは精神の問題。確たる自分がある人は自分を大切にします。そして他人のことも認めます。自分の無い人は、覚悟ができずに愚痴ったり、世迷言をいいます。そして他人を批判します。だから大人には自立して欲しいですね。

ともかく自分の人生は自分のもの。
自分のために生きるのが当然。
そして自分の責任。
人が何とかしてくれるものではない。

自分の人生、
他人をあてにして完結しようとしても
無理です。

自分のしたことは自分に返る、
それは当たり前のことなのだ。
その人が生きたように死んでゆくのだ。

自分は人を愛さず、
人からは愛されようとしても、
それは無理というもの。

自立もできない人に本当の愛情などありません。
それに気づかない人がいる。
自分のこともできない人に
他人のことなぞ理解できません。
そしてそういう人は、他人に多くの迷惑をかけるのです。

だいたい自立した人は、
他人（自分以外の人）に干渉しません。
自立できていない人がうるさいのです。
自分は自分という認識の人は、
他人は他人と思えるのです。

他人のことが考えられる人は、むやみに人に自分に尽くすことを求めません。

自分が人を思いやるのは
いいことですが、
他人に思いやりを強制する姿勢は
嫌ですね。

人の親切はありがたい。
でも強要するものではない。
年寄りの中には強要する人がいて、
なんとも嫌だ。

人は何らか人の役に立ちたいと思うもの。
役立てれば嬉しい。
その体験のない人は気の毒ともいえる。
そしてやたらと狭い人になり、
喜びのない人になりがち。

自分がされて嫌だったことは、
人にもしないと考える人と、
自分がされたんだから
今度は私がやる番だと思う人。
後者は品性下劣。

人の心の読める人って人から愛される。
当然と思う。

人は人に好かれたがるもの。好かれない人は、
その原因が自分にあることに気のつかない人。
人から嫌われたらそれは自分の責任です。
他人のせいではない。他人のせいにしたらなお嫌われる。
嫌われるからひねくれる。ますます嫌われ者に。

近づきたくない人、近づいてほしくない人っていますよね。
厄介な人。自業自得と思うが、
自分は人に理解されない悲劇の人のように思っている。
評価されないと思っている。
本当はまともに評価されているからこそ、
嫌われているのに。

人の気を引くにはともかくマメでなければならないと思う。
気を引きたい人の前にマメに姿を現すこと。
でも押しつけがましくなく、
何事によらず返事的なものは求めない。
相手に楽しい印象を与える。
さりげない会話、ユーモアが大切。
重い印象は与えない。
知らず知らずに心に残るようにすることだ。

わかってほしい場合には誠実が一番。
非難では通じませんから。
非難されて気持ちのいい人はいませんから。
それから何回もやり取りしているうちに
お互いが理解し合えることもありますね。
そのためにも精一杯誠意を尽くす必要を感じています。

誰でも心配事や悩みを抱えて生きている。
解決できないとわかった上で、
心をコントロールしているのです。
なのに悩みをむやみやたら口にする人は、
そこから抜けたいようだ。
抜けられないことがわからないようだ。
うっとうしいだけ。誰にも嫌がられるだけ。

あれこれ人を選ぶ人、
自分も選ばれていることを知らない。

よく、
「自分さえよければいいという人が多い」
なんて言う人がいますが、
皆自分のことで手一杯なんです。
批判する人に、
自分はどうなのさと言いたくなりますね。

攻撃すれば、反撃にあう。
これは当たり前のことです。
だからそういうことは呟きたくない。

人を陥れた者は、
巡り巡って自分に難が降りかかる。
人の首を絞めた者、
いずれ自分の首が絞められることを知れ。

人にだまされるということも、
自分の責任なのだという
自覚を持つべきだ。

そんなこと知らなくてもいい、
できなくてもいい、の結果が
物事を解決できない人を作る。
問題が難しいのでなく、
能力がないだけなのに、
問題が難しいと言う人になる。

知らずにやったことで人を傷つけた場合、
知らなかったことを情状酌量はするが、
だからといって、人を傷つけた事実が消えるものではない。
無知が大いに加害者になっていることが、社会には多い。

学生時代にいろいろなことを学んで
教養を高めることは、後々何かの役に立ちます。
必ずしも学校の教科ばかりでなく、
遊ぶことも一つの勉強。経験になります。
私もほとんど専業主婦で過ごしましたが、
学校で学んだことが無駄だったとは思っていません。

若いうちにできるだけ多くの経験をしておくことが
大事ですね。それらがいろいろなことに役立ちます。
新たに始めることの土台になります。
土台が大きければまた新たに始めることの役に立ちます。
ますます土台が大きくなります。
そういったことが
その人を魅力的に見せるのだと、私は思います。

自分に向いた道で、自分を生かすのは
社会に出てからですよ。
学生時代はその準備。だから高いレベルの学校であっても
自分の役に立つとは限らないのです。
自分の幅を広げることが大切。
知識もさることながら人間的成長が大事。

人は相手をきちんと見透かします。
敬意を持てる人、持てない人。
敬意を持てない人には敬意を表せないのが普通です。
これは傲慢とは違うのです。
ただし人を見下すのは教養が欠けていると思います。

人をせせら笑う人、
自分を上等な人間と思っている。
上等な人は人をせせら笑わない。

偉そうにものを言う人、
他の者には今の日本の状況が
わからないのだと思っている。
そんなことはなくて、
日々愚痴など言わずに努力している人が
ごまんといるのを知らないのだ。

きれいごとを言う人の心が一番
利己的で汚いことが往々にしてある。
きれいごとを言う人は不愉快。
経験不足が多い。
人の苦労に理解がない。

若い時は周りの人にいろいろ注文をつけたがりますが、
それって自己中心的なんですよ。
相手を自分と同じにしたい、
同じでなければ認められない的な。
でも年とともに気がつきます。相手もそうなんだ、
だったら認め合うしかないんだと。
そうすることで人を理解できるのだと。

70代の人は20代、30代、40代、50代、60代の
人生経験があるのです。
70年80年生きてきた者と、20年30年しか生きてこない者
との間には差がある。当たり前の話。
その認識を持たない者は、
自分と同じ土台に置いてしか人を見られない。
だからピントはずれな理解しかできず、
その上ボキャ貧とくれば、礼儀知らずな言葉を吐く。

考え方が違うといっても、
それに関する知識をより多く持つと、
考え方が変わることはままあります。
つまり自分が持っている知識を基に
考えるわけですから、考えが違うからといって
対立するのは下の下と思っています。

自分と生き方の違う人に
反感を持っても何にもならない。
自分を狭くしてしまうだけ。

若者を批判する年寄りと、
それに反発する若者は同類と思える。
若いんだからまだ未熟でも当たり前なのだと
思えない年寄り、
自分を未熟と思えない若者。
これはどっこいどっこいだ。

日本はダメだ、今の若者はダメだ、女はダメだ、
とやたらと言う年寄りがいるが、
これと同じことを言う若者もいる。
彼らに共通するものは、
自分はそれとは違うという上から目線。
口で何を言ったところで誰も彼らを評価などしないし、
無視されるだけなのに。

人のことを思いっきり悪く考えてみる。
そうすると、我ながらそれほどのことはなく、
その人にはその人の事情もあり、
返ってもっと優しく考えてやるべきなんだと
思えてくるものである。

私は、悪いところだけの人もいなければ、
良いところばかりの人もいないと思っているのです。
だから悪い悪いとたたかれている人を見ると、
本当にそうなの？という気がしてしまうのです。

それぞれの世代が引き継ぎしながら続いていくのが人類。

生まれて5~6歳で物心つき、それから70年。現在はいろいろな世代の人と時代を共有しているが、今6歳の子は、これから70年80年90年の未来がある、私にはいくらもない。ただ、過去の生きた年数は70年あった。そして、もっともっと古い世代ともすれ違いながら生きてきたわけです。それぞれの世代が、他の世代と一部分を共有しながら生きてゆく。その連続が人類です。もちろん他の生き物だってそうだ。社会はそうしながら進歩してゆく。対立ではなく、引き継ぎ引き継ぎしながら続いているのです。そしてそれぞれの世代は、それぞれの役割を果たしているのです。

人生の大部分を過ぎた今、感慨にふける。
若い時は同年代の人にもいろいろ注文を持ち、
年寄りには反発を感ずる。
それが原動力のように生きてきた。
今になればどんな人も認められる。
そして幼い子供たちを見ると、
これから80年、何と長く生きるものよと思い、
自分もそれを生きてきたのだなと思う。よく無事で。

人にはそれぞれその人に合った
生き方があるのですから。
どれが良くてどれが悪いではなく、
それぞれに合った生き方で
十分自分を生かすことが良いはずです。

こっちが良ければそっちが悪い
ではないんですよね。
こっちも良くて、そっちも良い。

現在の自分の姿は、
過去から今に至るまでの自分の歩みの
行き着いたところなのである。
良くも悪くも他人のせいではないのです。

人は常にいろいろな不安を持っているもの。
年寄りが行き先に不安を持つのも当たり前。
誰かに解決してもらえるものではない。覚悟しかない。
覚悟できない人を普通の人には救えない。
宗教家でもなければ。

政治の上でも庶民の日常でも、
誰にもいい顔しようとすると、
あまり期待されなくなるようだ。
自分の位置をはっきり持つことが、
結局は人のためでもあり、自分のためでもあるようだ。

人間いくつになってもシャキッとして自立していたい。
昔は子供の時は親に従い、嫁いでは夫に従い、
老いては子に従えといったが、これって自立とは縁遠いし、
親や夫や子供が、無事でいる場合のことでしかない。
そんな甘い考えでは生きることはできない。
天だって、自ら助くる者しか助けない。心すべし。

年寄りであれ、若い人であれ、
既婚者であれ独身であれ、
子供がいる人であれいない人であれ、
病気であれ健康であれ、
個人がしっかりとした気持ちで
生きるしかないのだと思う。

人を見抜くなんてことはそうそうできない。
感ずるものだと思う。
自分が嫌いなところのある人は自然に感ずると思う。
自分がない人はそれを感じられない。
自分の確立がまず一番先の課題だと思う。

感ずるから考えるんですよね。
考えるから学ぶんですよね。
その積み重ねをする人としない人とでは
差がつきますよね。

自分をよく見つめて
しっかりとした自分をつかんでいれば、
それに共振する人がいるはずです。

常識のある人はものの解決も常識的に考える。
常識のない人はどうして良いかわからないが、
自分が不利にならないようにと思う。
しかし、いかにすれば不利にならないかわからない。
それゆえ他人の案には反対する。
その案はその人に有利なのだと考えるから。
ともかく他人の案は自分に不利と考えるのだ。

何事も継続してみないとわからない。
少しやってこんなものかと
わかったつもりになる人は、
少しもわからないようなもの。

何事も自信ができてからやるものでは
ないんですよ。
やってるうちに自信が持てるもの。

一人一人が自分のために行動することが
皆のためにもなるのです。

どう生きるかは個人の選択。
それぞれが自分の幸福を求めて生きる。
自分の向き不向きに従って。
それが自分を生かすことでもあり、
社会のためでもある。
と私は考えています。

いつの世も弱者は切り捨てられます。
決して良いことではありません。
まず自分がそれにならないように頑張る、
その上でできる手助けはする。

人は強くなくては優しくなれませんね。
それが子供の頃からの私の念願でした。
辛い人に優しくあるためには
自分に力がなくてはと。

だいたい差別する人には弱虫が多いですね。
差別することで自分を維持しているような人もいます。
強い人は人を理解し、思いやれて、人に優しくできる。
周りを見るとそんなものですね。

人には生まれながらに差がある。
それを認識することは必要だ。
それを知らせることと差別とは別なのだ。

人間には本来残酷なところがあります。
子供は残酷そのものです。
教育を受けて人間になるのであって、
本能のままであっていいわけがないのです。
私は正義感があるほうでした。
自分が強くなくては人を助けることはできない。
だから力を持ちたいと思って育ちました。

人は衣食住すべてをお互いに世話し合い、助け合い、
恩を受け合いながら生きている。
人に迷惑をかけない生き方をしようと考えるのは
ある意味おごりかもしれないのだ、と思うようになった。
何事も人々のお陰様で生きていられるのだと気づく。
だから自分にできることで
社会に恩返しすることが大切なのだと。

高齢になると、物事のとらえ方は心情的になります。
社会のことはともかく、
家庭生活ではもっぱら心情的に生きているのが女性です。
子供や孫たちが無事に育つことが何より
という思いでいるものです。それには世の中が、
皆に暮らし良い状態でなければなりません。
政治家の先生方、よろしくお願いします。

一口に高齢者といってもその年齢の幅は広いです。
20歳代の人が見れば60歳は高齢と思えるでしょう。
70歳代後半から見れば若いです。
そして100歳の人もいます。
40年もの幅があります。
この幅を考えないで一くくりにしたのでは、
話が通じないこともありそうです。

65歳以下の人は戦後生まれです。
この人たちが物心つく頃には
世の中は落ち着いていました。
高齢者のことをいう時、
私はこの世代と一緒に論じられたくありません。
別の世代なのです。

子供の視力や運動能力（運動神経）は
高齢者よりはるかに良いのです。
だから、子供にもできることだから
高齢者にもできるだろうという考えは、
高齢者の視力や運動神経といった
身体機能の衰えを忘れた考え方なのです。

何はともあれ、年取ったらやりたいこと、
楽しみが多いほうが元気でいられるし、幸せです。
それには若いうちからいろいろなことに
関心を持たなければならない。
年取ってからやろうでは遅いのです。

若い時に考えない人、
年取ればなお考えない。

お年寄りを大切になんて言葉を聞く。
お年寄りは長く世の中に貢献してきたのだから
というのが理由。確かに長い間頑張って生きてきたさ。
だが自分の貢献以上のもののお陰も被って生きてきたのだ。
だから次世代のためを考えよう、
いたずらに大切にしてもらいたがらず。
良い年寄りは身内から大切にされているさ。

20代は、大学卒業、就職、結婚、出産といろいろなことがあって、どれがどれと特に印象に残ることもなく、ただ日々の生活に追われていたという印象です。

30代も40代も50代も同じような印象です。

この間に子供たちも大学を卒業して社会人となっています。

60代になって年金生活となりました。

年取って思うこと。若い時の恋の悩みも、子育ての大変さも、
夫婦喧嘩も、人生の彩りに思われる。
何もなかったら殺風景。
その頃が人生の花のように思われるものです。
それは過ぎてからわかるもの。
だから長く一緒に生きてみないことには、始まらない。

人との関わりは、
細かいことは考えないほうがいいですよ。
今嫌と思うことが良いことに
通じていたりしますから。
何が良かったかなんて、
最後までわからないもの。

何がいいかなんて
一生が終わってみないことには
わかりません。

第2章

昔と今～戦時中から暮らしてきて思うこと

私の世代は国民学校で、軍国主義教育を受けた軍国少年少女だったのです。ところが敗戦の途端ガラッと変わり、おそらく一番徹底的に民主主義をたたき込まれた世代でもあるんですよ。戦争の時は田舎に住んでいましたが、近くに飛行場があったので、よくB29の空襲や、小さい飛行機が低空飛行でする機銃掃射にもあいました。弾がダダダダッと地面を走るんです。弾に当たらなかったから、今生きてますけどね。昔はラジオですらある家が少なく、情報が少なかったんですが、口コミ情報は日本が優勢のようなものばかり。8月14日夜の空襲で真っ赤に染まった隣の市の空を見て、こりゃあもう駄目だと父が言いましたよ。昭和30年代からテレビが普及し始めましたが、テレビは情報をきちんと伝えるとは限りません。今はどこからでも個人に情報が入るから、本来はごまかしがきかないはずですが、デジタル化にかかわっていない人、テレビしか見ない高齢者は操作しやすいでしょうね。そんな高齢者が選挙で選んだ政党に支配される傾向ですよね。政治家がごまかそうとしても、各自がちゃんと情報をつかんでいれば大丈夫なのに。軍事産業で儲けようとする経済人も危ない感じですね。景気が悪いと洗脳されやすいから、惑わされないように意識、知識、情報をちゃんと持つことが大切ですね。

戦後当たり前になった人権意識、
この先も続くであろうか。
個人の人権などより、
他のものが優先され押し潰される
社会がきそうな、
そんな空気を感じてしまう。

いつの時代も
全員が洗脳されるということはありませんよね。
戦争中も声には出さないが
政府批判をしていた人はいたと思う。
口にしたら死活問題だったから口にしない。
政府批判を口にできなくなったらおしまいなんですが、
だんだんそんな空気が垂れ込めてくる感じですね。

本当に戦場の実態を知る必要があると思います。
知らないから実感がわかない。
危ないことはさせない、ひどいことは見せない。
そういう教育がずっと続いています。
それで、ものの判断ができるとは思えません。

確かに今の社会、

単純に武力行使を唱えている人がかなりいて、

それらの人を支持する人がかなりいるのも事実。

単純な話はわかりやすいのですよね。

武力で勝てると思っているのかと言いたくなりますね。

前の戦争の時もそういう風潮で、慎重派は追われて、

武闘派が戦争始めて敗戦。

私たちにとっては、孫子の健全な成長と暮らしを守ってやりたいということだけです。

政治的意図はありません。純粋にそれを考えています。

この点では大方の人が反対ではないと思います。

が、それよりも違うものを考えている勢力がいて、それがしぶといのです。

日本は本当に総括しないことで責任を曖昧に
してしまうんですよね。戦争にしても、原発にしても。
はっきりとした情報がない中で
ああだこうだと言われる。
学者も御用学者は信用できない。
といって外国の学者が皆、
正しいことを言っているとは限らない。
一般人は何を信ずればいいのか。

いつの時代も権力者は、
国民が反対するかもしれないことをやる時、
まず抑えてしまうのが報道機関。
国民が知らぬ間に事を進めてしまう。
直接かかわる人で反対する者にはお金でものを言わせる。
これが常套手段。国民全員が政府を監視など
できないように仕組まれるのです。

国内がめちゃくちゃになれば、
戦争など目を外に向けさせ、
一致団結などと声高に叫びそう。
いつか来た道。

社会的地位の高い者は、
自分と自分の属する組織の利益を
何より優先する。
それが国民の不利益につながっても。

「国民がいかに反対しようが、
やらねばならないことは断固やる、
それが指導者だ」。
これを悪用されたら国民はたまらない。

日本の指導者層は人々のことなぞ考えないというか、
わからない人が多い。
そういう人がそういう立場になれる組織というか
構造なのかもしれない。
人のことを考えるような人が
置いてきぼりを食うのだったら、
そんな社会は変えなければ。

戦時中、戦闘についてのニュースでは
敵を痛めつけたことを大々的に報じ、
日本の損失についてはいつも、
我が方の損害軽微なり、だった。
この〝軽微〟という言葉は大人になってからわかった。
戦時中は子供で、ラジオから耳で聴くだけだったから
〝けいび〟という音だけ聞いたのです。

戦時中に国民学校の生徒だった私たちは、
アメリカ兵やイギリス兵は弱くて
すぐ降参してしまうのだと教えられた。
彼らは投降することを恥とは思わず、
生きることを、命を大切にすることを考えていたのだと、
敗戦後知った。

日本は退却退却で、最後は本土決戦で、
日本人の最後の一人まで戦うのだと言っていた。
日本人が全部死んで何になるというのであろう。
本当にもうどうにもならなくなったんですね。
それでも戦争止めようとしなかった軍部。
軍人政権はいただけない。

戦時中、戦地の前線で食料もなく、弾薬もなく、
兵士が飢えや栄養失調や病気と闘っていたなんてことは、
内地の国民はあまり知らなかった。
知っている人がいても大きな声で
それを言えなかったと思う。
敗戦後、それらのことが帰還兵によって語られた。
でも多くの人は口を閉ざしている。話したくないようだ。

お国のためという言葉、
私には空々しく響く。

戦争は殺し合いなのです。
撃ち合いをしている時、やらなければやられる時、
必死で自分を守るため、
自分が生きるために撃ち合いますよね。
誰のためなんて考えないと思う。
お国のために戦うなんてどこにもないと思う。

戦争中の日本社会では、
少しでも戦争批判めいたことなど言えなかった。
周りじゅうで、お互い監視し合っているようなもの。
世論誘導されていて、誘導される側にも強弱があったが、
一応政府に従う振りをしていた。身の安全のために。
こんなの国民の連帯でも何でもない。

特攻隊を賛美したその昔。
ここまでしなければならないように追い込んだ
政府への批判が、当時は口にできない。
浅はかな人は、表面しか見ない。
追い込まれれば当人たちはやるしかなかった。
死を覚悟すれば、女々しいことは言わない。
その姿だけ見て、賛美してしまう。
原発事故現場の人を見る時、それがあるのかも。

福島原発で危険に身をさらして働いている人々に、
誰もが感謝している。
そしてこんなことがあってはならないと思い、
ご家族の思い、いかばかりかと思う。
100年後、これらの人を称賛するのはいいが、
こんな事故があってはならないということを
忘れたもの言いをする権力者がいたら、要注意である。

学校で原発は安全という教育を受け、
そう信じている若者を責められない。
かつて、教育の結果、
我々は軍国少年少女だった世代だから。
教育は怖い。

清貧を評価する向きもあるが、この言葉には、
豊かさを悪と見る考えが根底にあるようで嫌ですね。
これに振り回されて、贅沢はやめましょう、
欲しがりません勝つまでは的に利用されるのは
たまらないのです。
やはり豊かであることを望みます。

貧乏なんて褒められる話でもなかろう。
褒められるようになったら危ない。
命を安く買われるようになるかもしれない。
お金持ちや有識者は、
自分や身内の命は大切に高く評価していた。
大事に育てたものだから。

昔、物質的に貧しかった頃、心は豊かだったろう
と思うのは幻想。心も貧しかったのです。
人間、物質的にあまりに貧しいと、
心も貧しくなるものなのです。
もちろん人それぞれ、
物質的に貧しくとも心豊かな人はいました。
今の若者だって同じ。
心豊かな人もいて、私はその人たちに期待しています。

意味のない無駄な苦労はすることない。
意味のない辛抱は本当に意味がない。

貧しい時代はお金や物が大事。命は軽んじられた。
兵隊は赤紙（召集令状）一枚でいくらでも集められた。
ところが武器、弾薬、馬、衣服、食料は
赤紙一枚の値段に比べて格段に高かった。
人の替えはいくらでもあった。
いくらでも手に入るものは軽んじられる。

戦時中、産めよ増やせよと言われた。
これは子供のこと。特に男子。
戦争に駆り出す要員としてなのだ。

徴兵制度ができれば、
また人の命が安く集められる。
そんなことにならないように考えよう。

教養のある心豊かな人は、
職業の如何にかかわらず、
人の命を大切に、生活を考えた。
生活をないがしろにする人はいない。

戦争になれば人の命なんて全然大切に思われない。
10万人死のぅが20万人死のぅが。
日本本土が戦場になった時もそうなのです。
一度に数万人死んでも、
命がどうのこうのと言ってられないんです。
平和だからこそ命が重く思われるものなのです。

戦争の後遺症、何十年も続く。
敗戦国はもちろん、
戦勝国の戦闘に参加した人たちの中にも。

戦争とは殺し合いなのですよね。

子供に先立たれることはどんなに辛いことでしょう。
亡くなられる方もどんなにか
心残りだったと思われます。
戦争にはそういう辛いことが多いのです。
決して勇ましい話などないのです。
相手の国もそうなのですよね。

中国に兵隊として行っていた叔父から、
子供の頃聞きました。
罪もない中国人を木に針金でぐるぐる巻きにして、
灯油をかけて火をつけると、
人間がもがいて輪切りになるという話。
戦地の兵隊さんは神経がおかしくなるみたい。
平和の今では考えられないこと。
こんなこと記録になんかありませんよ、きっと。

戦時中、戦争推進に協力していた人たちの多くが、
敗戦後は「私たちはだまされていた」と言っていました。
考えなしに同調したことはそっちのけで。
しかも周りの人を非国民だなんだと攻撃したことに、
何の罪も感じなかった。
知らなかったとか、だまされたことも自己責任なのに。

全く国などをあてにはできないと思います。
戦争中や戦後を考えても、
日本では国民を犠牲にすることにやぶさかでない。
人は使い捨て。財産を失った者にも何の保証もなかった。
だから各自が考えるしかない。反対ならば反対と言う。
効果がなくても意思表明は必要。

選ぶ選挙民の程度に応じた政権が
生まれるのだろう。
政権批判なんて、
天に唾するようなもので、
自分に返ってくるだけなのだ。

選びたい人も政党もないなぞとのたまう人も嫌ですね。投票に行かないことをいかにも正当化しているようで、そんな人が政権批判なんかする資格なしだ。

時代とともに、生活に必要な物は変わるのです。

時代とともに生活に必要な物は変わってくる。70年前を考えると、電話を持っている家は数少なく、電話がなくても日常生活に支障はなかった。今ではそんなことでは用が足りない。車にしてもそう。昭和30年頃は車を所有している家庭は少なかった。人々は車が生活に必要と思わなかった。今高齢者はパソコンの必要性を感じていないようである。だが電話や車のことを考えると、当時必要と思わなかった物、なくても用が足りた物が、時代とともになくてはならない物になった時が来たように、パソコンもそうなるのではないか。特に高齢者家庭にとって。

必要がないということと、
必要があってもないことにして
済ませてしまうことを
ごっちゃにすることが多い。

我々は若者に詰問される立場なのです。

戦争中、私は子供でした。当時女性は大人でも参政権がありませんでした。でも戦争の被害は皆にかかってきました。大人になった時、なぜ参政権のあった人たちは戦争に反対しなかったのかと思いました。それが難しかったことは、その後もう少し大きくなってわかりました。そして今、日本の状態は大変です。20年このかた不景気です。若者は就職難。この若者たちはずっと参政権がなかったのです。そして思うでしょう、参政権のあった大人たちは何をしていたんだと。我々は若者に詰問される立場なのです。今の状況を政治の責任だと他人事のように言える立場ではないのです。

後の世代が、先の世代を責めることは簡単だ。
でもその世代とて、精いっぱいの汗を流して、
生きていたことは認めよう。
大きな波は如何ともし難い、
そんな波に揉まれていたことも知らなければならない。

私が小学生の頃（昭和16〜21年）、60歳といえば年寄り。
これらの人には収入がない。嫌でも子供と一緒に暮らす。
子供とて貧乏人が多い。
病気になった年寄りもお医者さんに診てもらうことはない。
歯がなくなっても入れ歯など作らない。
老人だからと特別食を作ってもらうわけではない。

昔は、本当に丈夫な人だけが長生きした。
といっても70歳ともなれば大お年寄り。
お金がないから、外に行けない。家でひっそりしているだけ。
そして死んでいった。
確かに家族の中で死ぬんだから、孤独死とはいわない。
しかし当時は生活保護なんてなかったから、
子供と一緒にいたにすぎないのだ。

社会の「箍《たが》」はあったが、「麗しい絆」ではなかった。

社会は他人の生活にも干渉した。地域の人に悪くいわれると子供の縁談にも差し支えたので、世間体を慮った。それが箍になったことは事実だが、そんなに麗しい絆でもなかった。今はそれらが外れ、年寄りは多く、収入があり、生活保護もある。だから一人暮らしをする人もある。わずらわしさから逃れ、親兄弟と没交渉になる人もいる。50代以下の人はそんなことをあまり知らない。昔は絆が強かったが、今はそれが崩れたと、公式のように当てはめる。確かに絆というかどうかわからないが、社会の箍は強かった。しかしお互い見張り合いだったように思える。

絆が強かったとか最近の「無縁社会」という言葉は、
昔は良くて、今が悪くなったという誤解を生じさせる。
今の年寄りは豊か。そして若者のほうが大変。
これを知っていればこそ、
そして昔のいやらしい関係を知っていればこそ、
子供との同居は避け、緩衝地帯を作って、
子供たちと良い関係を保とうとするのです。

昔あって、今なくなっているもの（主に精神）についてはよく論ずるが、昔なくて、今あるものについてはあまり論じない。どれだけ豊かになったか。ありがたみを知らないからだろう。

物質的には豊かになったが、精神的には貧しい、これも何か精神論的。

いつの時代も心豊かな人もいれば、心貧しい人もいる。

第3章

男と女、そして家族

私の父はよく仲人をしてたんですよ。世話した若夫婦の別れ話、多くは舅姑の意向なんですね。まともでない舅姑に支配されるのは嫌だなと、子供の時に思いました。大学を出て教師になり、舅に見初められて結婚しましたが、舅姑とは同居しませんでした。同居は難しいと思っていましたから。結婚したら親とは別の家庭を作る自覚のある男でないと大変ですよ。相手をちゃんと見極めないと。それでも、何十年一緒にいても、相手を全部わかるわけではないのね。相手との違いを認識して、賢い対応が必要なんです。自分に合わさせようとか、相手を変えようなんてバカな事を思ってもダメ。自分が正しいとも限らないしね。女が賢ければ、まともな男ならばちゃんと評価し、応じるものですよ。評価する力のない男はダメですけれどね。主人が死んでから私の主人への評価は相当高くなってるんですよ。「お母さんを頼む、お母さんを幸せにできたと思う」と20年ほど前、ガンで胃を全摘した時、息子に言ったそうです。それを葬式の翌日息子から聞いて、へぇーと思いましたね。あぁ、いい人だったんだな、私が当たり前にしていたことは主人の努力の上にあったんだなと。幸せなんて、当たり前の日常を送ることなんですよね。だから、当たり前の日常を見直すこと。賢い女になりなさい！

私が嫌いなセリフ。
「私は尽くすタイプ」「ずっと尽くしてきた」。
こんなこと言うのは何なのだ。
支え合い補い合って生きる二人（男女）が
尽くし合うのは当たり前。
ことさらにそれを言われると吐き気がする。

ちゃらんぽらんな男、
そんなに見分けにくいものなんだろうか。
年配の人ならすぐ見分けられると思うのだが。
若い人が耳を傾けないのではなかろうか。

浮気の相手とだってなかなか別れられないのだから、
夫婦なぞはまして簡単には別れられないのだ。
妻と別れたいという言葉は
女をだますための言葉ではないはずだが、
結果的にはだましの言葉になる場合が多いのだ。

男と女の違いを考えてみると、
男はあれも欲しい、これも欲しい、女は欲しい物は一つ。
だから、いらなくなった物はきれいサッパリ捨て切れる。
男はこれも、あれも、手にしていたい。
だから切れないのだ。別れなければならない相手とでも。

誰のおかげで食べられるんだ、
なんて言う男は配偶者を決して
愛していませんよ。
いてくれるだけで働く張り合いがある
と言うのが、女を愛する男。

親は親、自分は自分。

自分たち夫婦を中心に考えないで、親を第一に考える男はダメですね。親しか考えられないなら、一人でそうすればいい。そして寂しく死んでゆけと思う。自分の人生であることを認識している人は、親は親、自分は自分と考えられるんですよ。親と自分は別人で、別の人生。親を捨てるわけではないんですよね。年取れば親の面倒を見るんですから。

マザコン男、親がいくつまで生きていると思っているのであろう。まさか自分が死ぬまで生きているとは思っていないのであろうが。

自分で自分のことをできる人間に育てるべし。

こんな時代には、男子厨房に入るべからずなぞと育てられた男ほど、始末の悪いものはない。全くの役立たずの無駄飯食いである。ただ大金持ちで、そのお金を湯水のごとく自分が生活するために使うなら良い。それができる人は少なかろうから、男の子を育てるにも、自分のことは自分でできる人に育てるべきだ。それもこれも、働き終わって数年にして死んでしまう時代ならいざ知らず、そのあと20年以上生きる時代では、本当に自分で自分のことができるようでないと、どうしようもないのです。昔の考え方では持たない時代なのです。

男もやはり顔ですね。
心は見えない。でも顔に出ます。
年とともにいい顔になる男、
年とともに悪い顔になる男がいます。
心が顔に出て、信頼できる顔、できない顔になる。
自分の顔に責任感が滲む。そういう男がいい男。
頭の空っぽな男はいい顔にはなりませんね。

考えなしの女は、
自分で自分の首を絞めている
ことに気づかない。
考えなしの女は、
女の敵である。

変な男とかかわって、とんでもない被害にあう女もいるが、
逆に変な女に捕まって、とんだ目にあう男もいる。
離婚裁判している俳優なんかその類かも。
大変だなと同情もするが、半面、
なぜそんな女と結婚したのか、と思ってしまう。
19歳や20歳ならいざ知らず、四十面下げて。

世間では妻子を捨てて他の女に心を移す男の話は
珍しくはない。
逆に夫子を捨てて他の男に心を移す女もいる。
世間の人がこれらを非難したところで、
彼らが生まれ変わるとも思えない。

男って、ダメなのは本当に社会に有害だが、
それは一部で、
社会や家庭をしっかり支えている立派な人が多い。
この立派という言葉が当てはまる人、
一般人には多いのだが、なぜか政治家にそれを感じない。

遊び相手や恋愛対象にいい男と、
結婚相手としていい男とは
少し違います。
相手の人生を背負うかどうか、
その重みを嫌う人は
結婚相手には不向きです。

自分だけ理想の人を望んでも、
自分がどういう人か考えなくては話になりません。
自分との比較で考えなくてはダメ。
自分を棚に上げて、夫だけ採点していては。
自分が最高と思うような男は、
自分を選ばなかろうと考えなくては。

身の丈、自分を知ることですよ、
そしてそれに合った相手を選ぶことが肝心。
自分をよく知れば、
自分に合わない人に共鳴しないものです。
類は友を呼ぶとか、
似た者夫婦とかいわれるゆえんだと思われます。

人って自分が嫌いなタイプの人には違和感を持つ。
相手にもそれが伝わる。
自分が嫌だと思う人は、
向こうもこちらを嫌っているものです。
それからすれば、自分がどういう人を嫌い、
どういう人を好くかという意識のない人が、
とんでもない人とかかわることになるのではと思う。

恋愛中はできなくても済むことが、
結婚したらできなくては困ることが
あるってことを知らずにいたら、
生活が破たんしがち。

相手をよく知らなかったから
好きだったということはよくあること。
好きだから乗り越えられるのではなく、
信頼があるから乗り越えられるのです。

好きなんてこと、そうそう続かないよ。
信頼は時間とともに深まるもの。
信頼できる人を選ぶことが肝心要。

「少しおかしい」は、
「すごくおかしい」の一部が見えたことだったりする。
特に気をつけなければならないのは、恋愛中。
少しおかしいと思っても、
大したことではないと見過ごしてしまう。
別れる時になって、
そういえばあの時おかしいなと思ったことを思い出す。

女性にとって、配偶者が〝いい人〟であることが何よりです。
この場合〝いい人〟とは善人という意味ではありません。
自分を理解してくれて、
自分たちの人生を優先する人のことです。
たとえ親であっても、
それを邪魔する者は排除する人のことです。
これは親不孝とは違います。

敬老の日に思った。

結婚の相手として、どういう人が好みかと、

若者が考えることと、高齢者が考えることでは違う。

何しろお互い早死にしないことが第一。

それに子供にとっては、

両親のどちらも早死にしないことだ。

まして幼い子供にとっては、それが何より重要なことなのだ。

結婚することを
ゴールインなんて言葉を使うのはおかしい。
ここから二人の人生が
始まるのですから。

どんなに平凡な家庭生活だって、
50年60年続くのには
それなりの努力や辛抱が
あるものです。

女は夫に
自分の気持ちをわかってくれなどと
思わないほうがいい。
男はそれが苦手なのだ。

50年以上一緒に暮らした者同士でも、
相手のことを全部わかるわけではない。
ただ他の人よりは多く相手を知っているにすぎない。
子供のことに至っては、
さらに知っていることが少ないと気がつく。

自分が大切にしてこなかった者に、
大切にしてもらおうなんて思うな。
身勝手というもの。

男も女も弱いところ強いところあり、
威張りたいところ甘えたいところあり。
それをわかってその場その場で対応してくれて、
頼りになる存在を求めています。
自然のままでいられて、頼りになる存在。
補い合い、力になる存在が必要なんですよね。
一人で全役できないのです。

男と女、違うんですよね。
だから支え合えるのだと思うのです。
優れているところが違うんですよ。
それに気がつく人と気がつかない人がいて、
気がつかない人は相手を評価しない。
こういう人は、幅が狭いだけの話。

愛されたら自然に
愛するようになるのですよ。

一人より二人の安心感、この「感」が大事なのかも。
二人だからといって安心ではない。
問題が倍になる可能性だってある。
だが「感」に救われる。
生きていればどんなことに見舞われるかわからない。
その時はその時だと、開き直る覚悟しかない。

夫婦などの場合、
相手を自分に合わさせようとしないで、
自分を相手に合わせようとすれば、
今まで嫌だと思っていたことが
気にならなくなるだけでなく、
良い面がいくつも見えてくる。
そうしないと、
せっかくのいい男、いい女を失うことにもなりかねない。

男の人が、結婚して、子供を育て、
家を建て、子供を独立させる。大変なことなのです。
それだけでは意味がないなどと考えるとしたら、
それは大間違いと思う。
これだけでも大方の人には精いっぱいなのだから、
そのことに精力を使い果たした姿を、
私は哀れとは思わないのです。

今朝ＮＨＫで、
40代夫婦の60％がセックスレスと言っていた。
ゲストの女性たちも、相手とどうコミュニケーションを
取ったらいいかわからないと言っていた。
言葉ですることはないと私は思う。
言いにくいが、
優しく性器をなでてやったらいいのにと思った。

うまくいかない結婚は、
不釣り合いと、選び損ないだと思う。
年配の人が見ればおかしいと思えることが、
若い人にはわからない。
注意しても、親の無理解などと思ってしまう。
失敗してからあそこがおかしかったと
気づくことがあったりする。

いつも思っていました。
立派な人の母親はきっと賢い人であったに違いないと。
そしてそういう母親に育てられた男性は女性を評価、
支援する側に立ってきた。
賢い女性なくしては立派な男性も育たないと。

昔修身の教科書には多くの偉人の伝記が載っていた。
どういうものか母親は皆賢い。だが父親の影が薄かった。
父親はどうだったのかなと、いつも思ったものです。
たぶん取り立てるほどのものでなかったのかなと思ったものです。
そんな中で母親が賢いと息子は頑張ったのかな、なんて。

こう言っては何だが、
自分の心のしっかりしていない親ほど
子供にごちゃごちゃ言うように思う。
自分のぐらぐらした心を
子供に向けているように
思われてならない。

夫と仲良く暮らすことを後回しにして、
子供のことに熱中する母親は愚かです。
子供はいずれ巣立ちます。
または巣立てない子供にしてしまいがち。
一生を考えれば夫との時間がはるかに多いのに
それがわからない人は、
子供が巣立った後つまらない生活になりがち。自業自得。

親が子供にやってやるべきこと、
それは物事を自分で処理できるように育てること。
身の回りのことから始めて。
親にやれることなんか限られているのだから、
自分で解決しようという意思を持つようにさせることだ。

私には子供が二人いる。
別に彼らの意思で産んだわけではない。
どこのお子さんも自分の意思で生まれるわけはない。
産んだ子供を育てるのは当たり前。
でもよく「育ててやった」と言う親がいる。
恩着せがましい。

人にとって必要なものは、成長とともに変わる。
親はそれを自覚する必要がある。
息子にとって必要なのは配偶者、親の私ではない。
配偶者はこれから先、生涯支え合って生きる同志。
親はそうではない。
親は親で配偶者とともに支え合って生きてきた。

50年前なら一定の年齢には男女とも大方が結婚した。
親も本人も周囲もそれが当然のごとく思っていた。
別に不都合もなかった。
でも女性の側に多少の不自由さはあった。
その思い(母親)が子供(娘)を自由にさせたいという
考えに向かわせた気もする。
今の結婚難は昔のあり方の反動なのかもしれない。

教育とか知識は、身を守るためのものと私は思っています。

職業に就いて、生活の資金を稼ぐ。

ものの判断の手助けになる。そして自立するために。

女性の教育は、次の世代にまともな人を残すことにつながるのだと考えています。

女性に対する、三従の教え
（生家では親に、嫁いでは夫に、老いては子に従え）は
仏教や儒教の教えだが、
江戸時代から昭和の敗戦前までは、この考えが主流だった。
これは女は皆配偶者を持つことが前提だ。
でも成人する前に親が亡くなることもある、
早く夫が死ぬこともある。
これらが考慮されていない。

私が嫌いなセリフの一つ、
「女は子供を産んで一人前」。
人をばかにするにも程がある。
そしてこれを言っているのは
多く女であり、
とても一人前とは私には思えない御仁だ。

その昔、オールドミス、その後、ハイミス。
今やそんな言葉は死語になった。
いいことだ。
これ、女性に対してだけいわれた。
どうして男性にはなかったのかな。

時代が進み、女性が外で働くようになれば、

人を見る目も、社会を見る目も養われてくる。

明治、大正、昭和の初め頃の女と、今の女は大分違う。

さらに経済力を持てば、かつての女性と全く違う。

が、男はというと変わらない。

これでは成り立たないよね。

それぞれバラバラで生きるしか。

この70年で女はかなり変わった。
男はというとあまり変わらない。
昔は法律で男が優位だったから
守られていた部分がはがれ、
その分、弱い者になったような気がする。

自分が嬉しかったこと、
楽しかったことはずっと覚えていよう。
それがいい薬になる時が
たくさんあるものだ。

幸せなんて
普通わからないものなんですよ。
無くなってわかるようなね。
当たり前になってしまうこと。
それはすごく幸せなことなのです。

夫は自宅で亡くなった。自分が建てた家で手入れしていた庭を眺め、好きな囲碁を親しい人とやりながら最晩年を過していた。私の一番の理解者だった。やりたいようにやらせてくれた。Twitterもその一つ。Twitterを通じてテレビに今年4回取り上げて頂いた。そのうち2回だけ見てくれた。

あとの2回も見て欲しかった。そして近々出る予定の本も見て欲しかった。でも仕方ない。本が出たらまず第一に夫の仏前に供えよう。あなたのお陰以外の何物でもなかったことを感謝しながら。

今日の夕飯。10月31日。

鯖味醂干し。烏賊黄金。ゴボウと南瓜の天麩羅。

蒟蒻煮付け。梅干。レタス。柿。御飯。味噌汁。

本書は、２０１０年１月から２０１５年12月までの
Ｔｗｉｔｔｅｒでの呟きを抜粋し、加筆・修正したものです。

ミゾイキクコ

1934年生まれ、埼玉県出身。お茶の水女子大学理学部を卒業後、教職に就き、26歳から専業主婦に。2010年1月28日にTwitterを開始し、1940年代から現在までの人々の価値観の変遷や、戦争中の経験、敗戦後の暮らし、高齢者問題などについて呟く。含蓄に富むツイートが共感を呼び、2015年12月現在でフォロワーは56,000人超。2010年に電通と東京大学大学院が立ち上げた「DENTSUデジタルシニア・ラボ」のアドバイザーも務める。趣味は茶道、園芸、料理、写真。
Twitterアカウント:@kikutomatu

何がいいかなんて 終わってみないとわかりません。

2016年1月1日　第1刷発行

著　者　ミゾイキクコ

発行者　馬庭教二
発行所　株式会社KADOKAWA
〒102-8177　東京都千代田区富士見2-13-3
電　話　03-3238-5460(営業)
http://www.kadokawa.co.jp/

印刷・製本　株式会社暁印刷
ブックデザイン　西垂水敦＋岩永香穂＋喜來詩織(tobufune)

落丁、乱丁の場合、お手数ですがKADOKAWA読者係までお申し出ください。送料は小社負担にてお取り替えいたします。古書店で購入したものについては、お取り替えできません。
KADOKAWA読者係
〒354-0041　埼玉県入間郡三芳町藤久保550-1
電話　049-259-1100(土、日曜、祝日除く9時〜17時)

ISBN 978-4-04-894783-1 C0095　Printed in Japan